再版に当って

道徳科学は聖人の思想、道徳に一貫してゐる原理なるが故に、科学と哲学と宗教と道徳とを包含してゐる。従つて其の実質、内容である最高道徳が宗教的性質を帯びる事は当然であり、又其の根底に宗教的敬虔さと熱情とがあつて始めて其の行動に無限の迫力と光明とが出てくる

惟うに人間の思想と道徳とは先天的遺伝と後天的環境とに負うところ多大である。

亡父千九郎は万巻の書を読み万里の途を歩いて一世の碩学となり大思想家とつた。更に其の聖者の如き一生は道徳科学を樹立して幾万の人心を開発し、家庭活、経済生活、社会生活を救済して其の徳全国に及ぶ。特に晩年に到り、品格愈円熟し枯淡の風を帯び、識者をして「人間離れがして来ましたね」と歎ぜしめたのである。今夏廿年祭を迎へるに当り、全国数万の門人が其の遺徳を偲んで記念館の設立、家の買戻し、伝記の完成、広池学園の充実等幾多の記念事業に至誠を傾けんと

せらるゝは蓋し偶然の事ではない。

今『浄土往生記』を読むに祖父半六の信仰心深く、篤行の無辺なりし事を重ねて識り、「あの祖父が」と感歎久しうするものである。惟うに父の偉業はこの祖父の信仰と篤行とに其の根源を発するものと申して決して過言でないであろう。

大方の諸士が本書により人心救済の精神に徹して一層向上発展し、更に進んで人類の幸福実現に寄与するの一助ともならば、私の深く欣びとする所である。

今日『浄土往生記』を再版するに当り、祖父の遺徳を偲んで不肖の孫千英茲に禿筆を呵す。

昭和三十三年十一月十五日

広池千英

淨土往生記著者廣池大人肖像 大正二年 七十三歳

（モラロヂー創立者廣池博士父君）

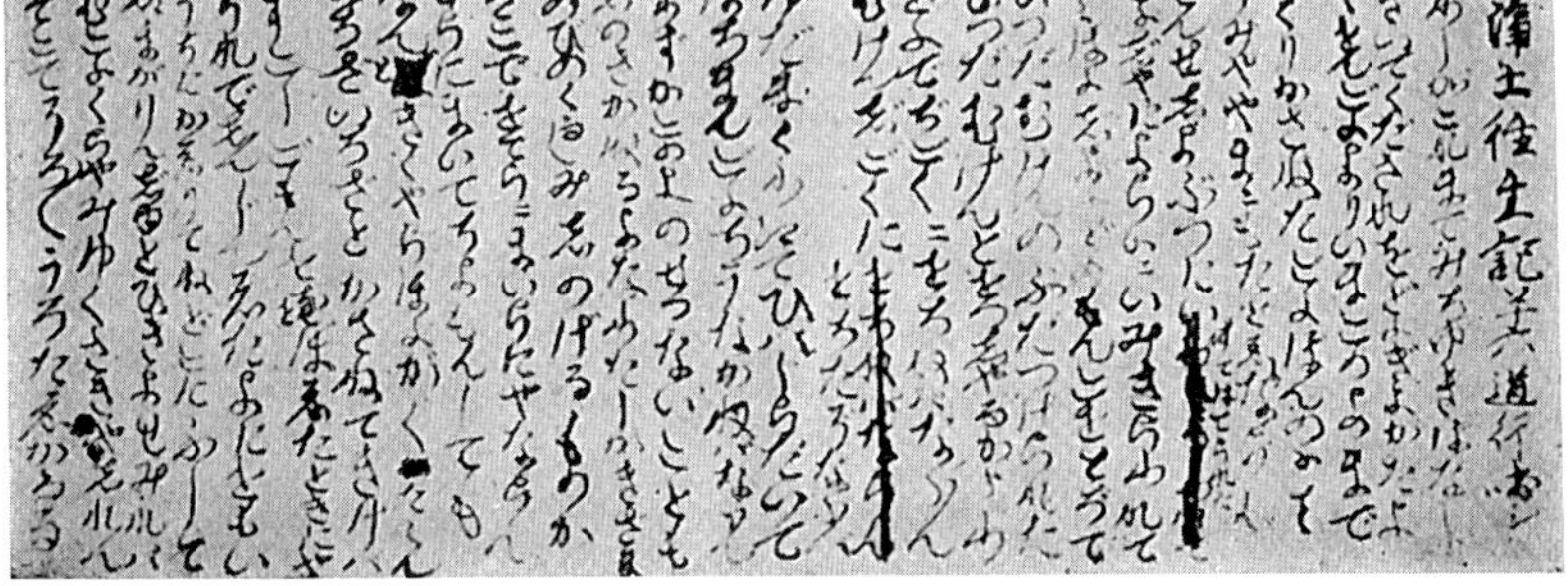

著者の自筆原稿

浄土往生記読者諸君に告ぐ

一、博士のお話に、徳を樹てて家を興すと言ふ如き事は一代では出来ぬ事である、歴史上の事実が皆さうであると聞いて居りますが、今博士父君の御事蹟を観る時には、博士が最高道徳の如き偉大なる道を開かるゝに至つたのは、博士御一代で出来た事でないと言ふ事が了解されました。

二、博士のお話に、人間の道徳行為は信仰から出たものでなければ生命が簿い、又信仰は道徳として働かざれば何等の価値も無いとの事を教へられて居ります。而して博士御自身は信仰によつて最高道徳を御実行せられ、真にすべての人々を全く其肉親の御子様方と同様に真の慈悲心を以て愛せられて居らるゝのは、正に其信仰から出た道徳であるからでありましやう。然るに斯くの如き偉大な事が既に博士の父君の御行為にも現はれて居るのであります。

三、博士のお話に、信仰にても道徳にても年月を積んで訓練を経《へ》ねば上達をせぬと申さるゝのでありますが、今『浄土往生記』を拝読しましていよ〳〵其然る事を体得する事が出来ました。

四、今『浄土往生記』を拝読するに、阿弥陀如来が五劫思惟兆載永劫《ゴコウシユヰテウサイヨウコウ》の御苦労を為されて世界人類の救済さるゝ方法を発見せられ且つ其方法を実行せられたるが故に、我々人類は其阿弥陀如来の偉大なる慈悲心を信じ且つ其偉大なる救済の力に依頼すれば極楽に往生し得ると言ふのであります。今、博士は世界諸聖人の夙に古代に於て世界人類の生存、発達及び幸福享受の原理を発見せられ且つ非常の苦心及び苦労を積まれたる事蹟を現代の科学に徴して其合理的なる事を証明せられ且つ御自身親しく其最高道徳を以て世界人心の開発及び救済に従事せられて居るのであります。故に、今後我々一般世界の人類は単に其博士の御研究且つ御実行に為りました処の最高道徳の原理を聴聞して其御教訓に従うて之を実行さへすれば、多くの苦労も無くして幸福に為り得るのであります。阿弥陀如来の御苦労の力に信頼して死後極楽に行かうと言ふ信仰は誠に高尚な信念でありますが、今、世界諸聖人の御苦労と博士の御苦労とは我々人類の現在のすべての生活を幸福にして下さるのでありますから、是れ亦我々としては実に深謝せねばならぬ事であります。今『浄土往生記』を拝読して阿弥陀如来の恩恵の深き事を知ると同時に、我々は最高道徳の精神的伝統の恩恵の偉大なる事を感ぜざるを得ないのであります。

昭和二年謄写版作製の日

中田中謹記

亡父の遺稿に題す

予の家は神代以来の旧家にして世々神祇に奉仕す。豊前下毛郡鶴居村永添に住す而して敬神、忠君、愛国は特に亡父の精神生活を支配せし一大宗教にして、予の少年の頃より予の家庭教育の骨子たりき。然るに、亡父は中年以来更に感ずる所あり、深く浄土真宗の教に帰依《キエ》し、東本願寺末寺正行寺《シヤウギヤウジ》の檀家《ダンカ》と為り、浄土門の教理を研究して神仏併せ信ずる事を以て雑行雑修《ザウギヤウザツシユ》にあらざる事を発見し、弥陀本願の真髄を得、年五十余の頃より一層其信仰生活を高め、家業の傍ら近郷の人々を勧化《クワンゲ》し世俗をして王法仏法の要諦を悟らしむる事に勉め、晩年全く一身を其道に捧ぐ。斯くの如き真宗の篤信者を号して世人之を『同行《ドウギヤウ》』と称す。亡父此同行の号を甘受し、屢〻京都両本願寺に詣《マウ》でて財を献じ身を労し至誠、敬虔、無二の信仰を運ぶ。且つ地方に於ける諸寺院の寄付事業には身を挺して奔走し、其奔走中に要する費用は皆之を自弁し、其事業成就の暁に於て寺院より其各奔走者を慰労する時には必ず若干の献金を為し敢て徒らに寺院のものを飲食する事なし。且つ同行として在家《ザイケ》即ち一般信者の家に到つて説法を為し其家に於て飲食を為し若くは宿泊する時には必ず其家の仏前に若干の報謝金を包みて之を供ふ。当時亡母及び予輩家族は亡父の為す所の余りに愚直なるを詰《ナジ》りし事ありしも、亡父の説明によりて神仏に対する真の信仰の意味を理解し、一家和合して亡父の所為に帰服せり。既に本文の終にある『信心と思ひ思うて称《トナ》へたが、まるで己《オノレ》が思ひ心じや』とある歌の如きは自《オノヅカ》ら利己的本能を解脱《ゲダツ》して最高道徳に更生せる心境を表明せるものにて、実に偉大なる聖者の告白として見るべき教訓であると思はる。すべて当該《コノ》『往生記』の文が一つとして知的研究から来たのでなく、自然に年月を重ねて得た所の体験から来た所の自我没却、至誠慈悲の精神の現はれであつたが故に、真に尊ぶべき金言であると考へらる。而して其後春花秋月幾多の歳月を重ね、大正八年八月九日父は急性胃潰瘍《イクワイヨウ》を発し、七十九歳を以て没せられたり。(亡父は数年《カゾヘドシ》八十歳と聞きたれど戸籍は天保十二年十一月二日生と為るを以て行年正に七十九歳なる如し)没後遺物を整理せし時、其文庫中に幾多の手蹟存在せり。然るに今回公にせる所の『浄土往生記』は其中に於ける白眉の著述たりき。而して、此度デューティ・ソサイティの各位の懇請に本づき中田中《ミツル》氏一切を処理して茲に謄写版に製し謹みて之を右篤志の人々に贈呈す。

抑々信仰には単に神仏に祈願して自己若くは自己と利害を同じくするものの利益を図るものと神仏の心を体得して自我を没却し慈悲の心と為り其行動を一変し所謂改心《コンヴアーシヨン》を為し、斯くて其至誠を他人の心に移植し所謂人心救済《サルヴエーシヨン》を為すものとの二種あり。今亡父の『浄土往生記』を通読するに、其信仰は真に阿弥陀如来の慈悲に同化せむとして努力せし跡顕然明かにして幾度か如来の光明に摂取せられたりと思ひ、更に日を経れば再び凡夫《ボンプ》の域を脱せざる事を悟りて懺悔《ザンゲ》の回数を重ね、遂に日を経《へ》、年を積みて漸次に真の信仰に近づき、弥陀の大慈悲に同化するに至り、必然極楽往生の出来《デク》る事を自覚せられたる径路を窺ふ事を得るなり。凡そ斯かる信仰の径路を辿《タド》りて遂に安心立命に到達する所の真の信者は現代に於ては何れの宗派に在りても蓋し極めて稀れなる事実ならむ。されば、今、亡父の信仰の如きは宗教の信仰上甚だ尊ぶべき事蹟たらずんばあらず。斯くて此正統の信仰に本づく亡父の生活は、一面自己の円満なる人格を形造り、一面他の多くの人々を真の信仰に導きて安養《アンヤウ》浄土の楽《タノシミ》を頒《ワカ》ち、斯くの如くにして亡父は多年清貧に安んじ、真の感謝生活を営み以て所謂『大往生《ダイワウジヤウ》』を遂げられたり。想ふに不肖の私が今日神を信じ聖人正統の教を中興して自《ミヅカ》ら最高道徳を実行し、遂に新科学モラロヂー(Moralogy)を建設する如き偉大なる人類的事業を創始するを得たりしは、全く亡父の誠実なる信仰の余沢によりて神仏の加護ありし結果と謂ふの外なきなり。是を以て予は今更に深く神仏を始め亡父及び亡母(名は里江《リエ》子天保十二年四月二十七日生、明治三十八年八月二十五日没、行年六十五歳)の霊に対して感謝を禁ぜざる所なりとす。夫れ人間は一代にして徳《ヴアーチユース》を成就するを得ず。故に吾人は須らく年を経、代を重ねて徹善を積み、漸次に積善の家と為り万世不朽の運命を開くべきなり。茲に亡父の遺稿を公にするに当り、謹みて一言を巻頭に題し、併せて卑見を述べて以て江湖の諸賢に質《タダ》す。

昭和二年十月十五日

広池千九郎謹識

浄土往生記

半六道《みち》行《ゆき》咄《ばな》し

私《わし》がこれまで　道《みち》行《ゆ》き咄《ばな》し
聞いて下され　お同《どう》行《ぎやう》方《がた》よ。
久《く》遠《をん》劫《こう》(一)より　今この世まで
作り重《かさ》ねた　業《ごふ》煩《ぼん》悩《のう》(二)は
海や山にも　たとへはならん。
三《さん》世《ぜ》(三)諸仏に　捨てはてられた。
恒《ごう》沙《じや》如《によ》来《らい》(四)に　忌《い》み嫌《きら》はれて
九品《ほん》浄《じやう》土《ど》(五)の　門《もん》戸《こ》を閉ぢて
必《ひつ》堕《だ》無《む》間《げん》の　札つけられた。

㈠久遠劫はずつと太古のこと
㈡業煩悩は悪因縁
㈢三世は過去、現在、未来なり
㈣恒沙如来は恒河の沙の如く沢山の如来の意
㈤九品浄土は極楽のこと。極楽を上中下に分ち更にそれを上中下の三種に分ちて九種となす

必堕無間（六）と　おつしやるからは
どうで地獄に　落ちねばならん。
無《む》間《げん》地獄（七）に　落ちたぞならば
湯《ゆ》玉《だま》咬《くわ》へて　火《ひ》柱《ばしら》抱《だ》いて
八万劫《ごう》（八）中《ちう》　泣かねばならん。
僅か此の世の　せつないことも
凌《しの》ぎかねるよな　私《わた》しが気ざま
阿《あ》鼻《び》（九）の苦《くるし》み　凌げるものか。
そこでお寺《てら》に　詣《まゐ》らにやならん。
寺に詣つて　聴《ちよう》聞《もん》しても

（六）必堕無間は罪悪の深いものは地獄へ必ず堕つといふこと

（七）無間地獄とは阿鼻地獄ともいひ絶え間なく苦しみを受くる地獄

（八）八万劫は数へきれぬ程久しい間のこと

（九）阿鼻は無間地獄のこと

何と聞くやら　方《はう》角《がく》たたん。
一《いち》座《ざ》々々と　重ねて聞けば
少し御《ご》文《もん》(一〇)を　覚《おぼ》えた時にゃ
それで信心　得たよに思ひ
家に帰りて　寝《ね》床《どこ》に臥《ふ》して
今が臨《りん》終《じう》と　引きよせ見れば
向《むか》ふ暗《くら》やみ　行く先《さき》知れん。
そこでそろ〱　うろたえかゝる
西や東と　かけりてまはり
お座を重ねて　聴聞すれば

(一〇)御文はお経の文句

聴けば聴く時や　有り難けれど
家《うち》に帰りて　按《あん》じて見れば
とんと未来の　明《あか》りはとれん。
これじゃ如何《いかゞ》と　うろたえまはり
お文《ふみ》(一)さまやら　御《ご》和《わ》讃《さん》(二)さまの
要《かな》め〳〵の　ご文《もん》を見ては
どこのご文《もん》に　かうあるからは
こんな心が　信心なりと
こんな心で　称《しよう》名《めう》すれば
これが信心　此の気が報《はう》謝《しや》

(一)お文とは蓮如上人が門徒の為にかける文章

(二)和讃は和語にて作りたる仏徳を讃嘆する文

信《しん》と行《ぎやう》との水《みづ》際《ぎは》たてて（一三）
なんぼりきんで唱《とな》へて見ても
胸に看《かん》経《きん》（一四）の思《おもひ》は出来ん。
お客《きやく》僧《そう》やらお同《どう》行《ぎやう》方《がた》の
ご丁寧なるお育《そだ》てにあへば
ほんに有り難うでうれしうでならん。
これぞ誠の信心なりと
嬉しあひだは信心とおもひ
少し懈《け》怠《だい》のついたる時にや
これじや如何の思ひが起る。

㈢信と行との云々は信心と行為と一致せぬこと

㈣看経は経文を黙読すること、又朝夕仏前に修する勤行をいふ若《にゃく》存《ぞん》若《にゃく》亡《もふ》(一五)で　月日を送る。
月日立つのは　お早いものよ
もはや五十《こじふ》を　越えたるなれど
やはり未来の　明《あか》りはとれん。
先は近よる　未来は暗らし
なんとしようぞと　うろたへまはる。
それを大《だい》悲《ひ》(一六)は　お見《み》兼《か》ねなされ
西の方より　大《だい》音《おん》あげて
声を限りに　おつしやることにや
そちは半六　何《なに》うろたえる

(一五)若存若亡とはなんでもなしにの意

(一六)大悲は大慈大悲の如来様のこと

おれがいふ事　少しも聞かで
おのが思ひの　気にほれ込んで
あゝぢやかうぢやと　うろたえまはる
そんなうろたえ　心を止《や》めて
おれが誠の　ありたけ聞きやれ。
おれとそなたの　ゆかしきなかは
昨日や今日の　ことではないぞ。
そもや法《はふ》蔵《ざう》(一七)　因《いん》位《ゐ》(一八)の昔
世《せ》自《じ》在《ざい》仏《ぶつ》(一九)の　みのりの庭《には》(二〇)で
余りそなたが　罪ある故に

(一七)法蔵とは阿弥陀仏未だ仏となり給はざる修業中の時の名である
(一八)因位とは仏となるべき道を修する時代の地位
(一九)世自在仏は法蔵因位の時の師の名即ち阿弥陀如来のまだ修業中の先生である
(二〇)みのりの庭は仏の教を説く処

世《せ》自《じ》在《ざい》仏《ぶつ》の
そちが気ざまじや
仏になるべき
のりのお庭を
そなた泣く〳〵
還《か》へる姿を
それが恋《こひ》路《じ》の
久《く》遠《をん》劫《こう》より
寝《ね》ても覚《さ》めても
そなた知らずに

おつしやることにや
修《しゆ》業《げふ》は出来ん
器《うつわ》でないと
追ひ立てられた。
その座を立ちて
ちらりと見そめ
始めとなりて
今此の世まで
忘れはせんぞ。
迷《まよ》うて回《ま》はる

迷うそなたが可《か》愛《は》ゆでならん。
そちがその気はその気のまんま
そちに少しも骨折りさせず
まるで仏に仕立てゝやるぞ。
そちが起《おこ》さにやならんべき願《ぐわん》は
おれが丸《まる》きり五《ご》劫《こう》のあひだ
骨と皮とに痩《や》せ衰《おとろ》へて
そちに代つて起しておいた
五劫思《し》惟《ゆゐ》(二)に成《じやう》就《じゆ》したぞ。
そちが修《しゆ》すべき修《しゆ》業《げふ》といふは

(二)五劫思惟は阿弥陀仏が五劫の永い間仏道を成就するため思ひ考へられたこと

無《む》量《りやう》兆《てう》載《さい》　不可思議永《よう》劫《こう》(三)
毒の中にも　幾万年と
炎《ほのほ》の中にも　幾万年と
ぐれん〱の　氷の中に
永い月日を　閉ぢられたるも
生《いき》血《ち》紋《しぼ》られ　生《いき》皮《がは》剝がれ
汗《あせ》や膏《あぶら》や　血の涙にて
永《よう》劫《こう》修《しゆ》業《げふ》に　成《じやう》就《じゆ》したも
みんなそなたが　代《かは》りであるぞ。
そちが積《つ》むべき　善《ぜん》根《こん》功《く》徳《とく》

㈢兆載も永劫も永久の意

おれが残らず
願《ぐわん》と修業と
六《ろく》字《じ》名《みやう》号《がう》(二三)に
そなた独りに
どうぞ名号
何が不足で
肩《かた》の窄《すぼ》まる
三《さん》世《ぜ》諸《しよ》仏《ぶつ》も
六字名号
大手広げて

積みたておいた
善根功徳
封《ふう》じて込《こ》めて
そろりとやるぞ
受け取り給へ。
悦《よろこ》ばれんぞ
六字じやないぞ
あきれて褒《ほ》める
受け取る上は
浄《じやう》土《ど》に詣《まゐ》れ。

(二三)名号は南無阿弥陀仏の六字の名号

おれが浄土に　詣《まゐ》りた上は
三《さん》明《みやう》六《ろく》通《つう》(二四)　揃うてあるぞ
尽《じん》未《み》来《らい》際《さい》(二五)　楽しみづくめ
無《む》量《りやう》永《よう》劫《こう》　尽きせん顔に
そなた独りに　与へてやるぞ。
遠慮離れて　気《き》兼《がね》を止めて
おれがいふこと　信じてくれよ。
小《こ》言《こと》いひ事　すつぱり止《や》めて
六字名号　受取りくれよ。
弥《み》陀《だ》の誠の　ありたけ聞いて

(二四)三明は(1)に過去世のあらゆることを知り(2)に未来世に於けるあらゆることを知り(3)に現在の一切のことを知り煩悩を断絶する知のこと。又六通とは六神通の略で三明を更に細かに分類したもの

(二五)尽未来際は末永く後の後までの意

とんと半六　呆《あき》れてしまひ
さてはさういふ　御親切なるか
必《ひつ》堕《だ》無《む》間《げん》の　この半六を
丸《まる》の裸《はだか》の　この気のなりで
頼む一《いち》念《ねん》　その場を限り
弥陀の浄土の　ご果《か》報《はう》なるか
さても尊とや　南無阿弥陀仏
かゝるお慈悲の　あるとは知らで
あゝじやからじやと　うろたえました
わしが心の　お恥づかしうござる。

まるで大悲の
信《しん》行《ぎやう》不《ふ》離《り》と
信に添うたる
信じ心も
皆《み》んな大悲の
私《わ》しが拙《つた》ない
弥陀の誠の
至りとどいて
わしと大《だい》悲《ひ》の
人にいはれん

お仕立てどりよ。
おつしやる上は
南無阿弥陀仏
念ずる信も
おん計《はから》ひよ。
能《のう》帰《き》(二六)の信に
真実信が
練《ね》れ固《かた》まりて
親しき仲は
味ひござる。

(二六)能帰は所帰の対。よられ頼まるゝものに対してより頼む方をいふ

今は弘《ぐ》誓《ぜい》(二七)の
船に乗る身は
行《ゆ》こともどろと
瞋《しん》恚《い》炎《ほのほ》は
弥陀の弘《ぐ》誓《ぜい》に
愚《ぐ》痴《ち》や貪《どん》欲《よく》の
弥陀の弘誓は
向ふに立つたる
主《おも》な船頭で
後《あと》に立つたる

船に乗り込んだ。
安《あん》気《き》なものよ。
お船頭任《ま》かせ
起らば起これ
叶《かな》ひはないぞ。
海濤《つなみ》はうてど
破損はせんぞ。
弥《み》陀《だ》仏《ぶつ》さまが
梶《かぢ》取《と》りなさる
釈迦牟尼仏は

(二七)弘誓は弘大なる仏、菩薩の誓願をいふ。阿弥陀仏が衆生をして生死の苦海を渡りて涅槃（悟りを開く）の彼岸へ到らしむるを船が人を渡して彼方の岸に達せしむるにたとへて弘誓の船といふ行けよ〱と　おつしやりなさる。
右と左は　観音、勢《せい》至《し》、
諸仏、菩《ぼ》薩《さつ》　おつとり巻いて
六字名号の　櫓《ろ》を押し立てて
西へ〱と　おしやり給ふ。
さても尊い　おわけでござる。
昨日《きのふ》一昨日《おととひ》　今日《けふ》今《いま》までも
無間地獄の　近よるわしが
今は代りて　極《ごく》楽《らく》さまが
日々に近より　給ふと思や

どんな貧しい　暮しをしても
つらい気兼も　せつないことも
今が迷ひの　うち留めと思や
貧な世《しよ》帯《たい》も　苦《く》にやなりません。
かかる大恩　蒙《かうむ》る上は
お内《ない》仏《ぶつ》様《さま》　猶更のことよ
お寺詣《まゐ》りも　励《はげ》まにやならん
香《かう》華《げ》燈《とう》明《めう》　捧《さゝ》げにやならん
口にかなうた　大《だい》経《きやう》(二八)さまは
行《ぎやう》住《ちゆう》坐《さ》臥《ぐわ》(二九)に　称へにやならん。

(二八)大経は大無量寿経のこと
(二九)行住坐臥は寝ても覚めてもいつでも

わしが心を　見通しなれば
ご冥《みやう》見《けん》をば　恥ぢ入るばかり
仁《じん》義《ぎ》五《ご》常《じやう》や　掟《おきて》の道も
一《いち》期《ご》限りに　お守りまする。
やがて此の世の　息きれ次第
弥陀の浄土の　港入りします。
弥陀の浄土に　ついたる時は
瑠《る》璃《り》の台地《うてな》に　黄《こ》金《がね》の蓮《れん》華《げ》
蓮華お坐には　すつくり坐《す》わり
坐わるからだは　紫《し》磨《ま》黄《わう》金《こん》(三〇)よ

(三〇)紫磨黄金とは閻浮檀金のことで、金の精なるものをいふ

応《おう》報《はう》冥《みやう》福《ぶく》(三一)　身に著《き》飾《かざ》つて
大《だい》悲《ひ》親さま　おん手を伸ばし
さても半六　よう来た〱と
背《せな》や頭《かしら》を　撫《な》でさせ給ふ。
下の御《み》池《いけ》を　眺めて見れば
八《はつ》功《く》徳《どく》水《すゐ》(三二)　満ち〱給ふ。
右と左を　眺めて見れば
瑠《る》璃《り》の小《こ》壺《つぼ》に　宝の植木
硨《しや》磲《こ》や瑪《め》瑙《のう》や　瑠《る》璃《り》玻《は》璃《り》(三三)ばかり
迦《か》陵《れう》頻《びん》伽《か》(三四)の　囀《さへ》づる声が

(三一)応報冥福は御利益のこと

(三二)八功徳水は極楽にある水で甘くて冷くて清浄で飲んでも喉や腹を損することのないやうな八つの功徳ある水

(三三)硨磲、瑪瑙、瑠璃、玻璃は金、銀、赤珠を加へて七宝と称せらる

(三四)迦陵頻伽は極楽に居るよい声の鳥

響《ひび》き現《あら》はれ　音楽となる
百《ひやく》味《み》飲《おん》食《じき》(三五)　音楽までが
わたし独が　楽しむ品《しな》よ。
やがてその身に　なるぞと思や
何に交はる　その中からも
くやみ離れて　悦ぶばかり
わしは何たる　仕合せ者よ
さても尊《とうと》や　南無阿弥陀仏
さても嬉しや　南無阿弥陀仏
悦ぴ〱　相《さう》続《ぞく》(三六)す。

(三五)百味飲食は極楽のこの上ないおいしい食物

(三六)相続すは絶えず念仏称名すること

信心と思ひ思うて称へたがまるでおのれが思ひ心じや
これまでの思ふ心の著るものを弥陀に剝がれてまるの裸身
裸身の生れた初《うぶ》のそのままを弥陀が受取る瑠璃の浄土へ
極楽に裸《はだか》詣《まゐ》りの半六が嬉し恥づかし申す念仏

信《まこ》とに雨《あめ》山《やま》に蒙りたる弥陀の御恩、師《し》主《しゆ》、知《ち》識《しき》(三七)の御恩何とかして報ぜんものと思へ共、唯身《しん》口《く》意《ゐ》の三《さん》業《ごう》を心に鞭《むち》を当《あ》てて励むより外なし。

広池半六心得

(三七)師主、知識は釈迦如来、親鸞聖人、蓮如聖人以下の真宗の高僧を指すこの書は亡父の遺稿にて全部仮名書きなりしを解し易からしめん為め、大正十一年十一月兄千九郎の命によつて右の如く仮名交り文に書き直し且つ略註を記るさして頂いたのです。

三男長吉記

浄土往生記 終

浄土往生記　全

昭和九年九月二十日　初版発行
平成九年四月　十　日　九刷発行

著　者　廣　池　半　六

発　行　学校法人　広池学園出版部
〒二七七　千葉県柏市光ヶ丘二−一−一
電話（〇四七一）七三−三一五五（代）

印　刷　中沢印刷株式会社

ISBN4-89205-403-8